AF305488

VENTE JUDICIAIRE

En vertu d'ordonnance enregistrée

Les Mardi 3 et Mercredi 4 Décembre 1895

A DEUX HEURES ET DEMIE DE RELEVÉE

HOTEL DES VENTES, RUE DROUOT, 9, SALLE Nº 2

106 PLANCHES PHOTOGRAVURE

ET

2,000 ÉPREUVES

REPRÉSENTANT

L'ŒUVRE DE E. MEISSONIER

Environ 3,500 Clichés photographiques

APPAREILS PHOTOGRAPHIQUES, INSTRUMENTS

MOBILIER

EXPOSITION PUBLIQUE

SALLE Nº 2

Le Lundi 2 Décembre 1895, de 2 heures à 5 heures 1/2

Mᵉ Émile DAVID

COMMISSAIRE-PRISEUR AU DÉPARTEMENT DE LA SEINE

Demeurant à Paris, rue de Provence, 43

IMPRIMERIE MAULDE et RENOU

MAULDE, DOUMENC & Cie

IMPRIMEURS DE LA COMPAGNIE DES COMMISSAIRES-PRISEURS

Rue de Rivoli, 144

CONDITIONS DE LA VENTE

Elle sera faite au comptant.

Les Acquéreurs paieront CINQ POUR CENT en sus du prix d'adjudication, applicables aux frais de vente.

L'Exposition mettant le public à même de se rendre compte de l'état des objets, il ne sera admis aucune réclamation l'adjudication prononcée.

NOTA. — L'ordre numérique ne sera pas suivi.

Les adjudicataires seront subrogés pour la reproduction dans tous les droits de M. LECADRE, éditeur, 56, rue de La Rochefoucauld.

MAULDE, DOUMENC et Cⁱᵉ, imprimeurs de la Cⁱᵉ des Commissaires-Priseurs, rue de Rivoli, 144.   200—54711

DÉSIGNATION

PREMIÈRE PARTIE

PLANCHES ET ÉPREUVES

CONCERNANT

L'OEuvre de E. MEISSONIER

1 — Les Joueurs d'échecs.

> Planche. — 6 épreuves avant la lettre.
> 3 épreuves après.

2 — Moreau et Dessoles.

> Planche. — 3 épreuves avant la lettre.
> Épreuves après (néant).

3 — Une Chanson.

> Planche. — 13 épreuves avant la lettre.
> 6 épreuves après.

4 — L'Ordonnance.

> Planche. — 4 épreuves avant la lettre.
> 2 épreuves après.

5 — Le Cheval blanc.

> Planche. — Épreuves avant la lettre (néant).
> 13 épreuves après.

6 — Une Lecture chez Diderot.

> Planche. — 6 épreuves avant la lettre.
> 12 épreuves **après**.

7 — Le grand Fumeur.

> Planche. — 25 épreuves avant la lettre.
> 17 épreuves **après**.

8 — La Confidence.

> Planche. — 1 épreuve avant la lettre.
> 5 épreuves **après**.

9 — Le Sommeil.

> Planche. — 16 épreuves avant la lettre.
> 20 épreuves **après**.

10 — Le Bravo.

> Planche. — 14 épreuves avant la lettre.
> 4 épreuves après.

11 — Napoléon Ier et son État-Major.

> Planche.. — 6 épreuves avant la lettre.
> 2 épreuves après.

12 — Après Dîner.

> Planche. — 24 épreuves avant la lettre.
> 1 épreuve après.

13 — Le Maréchal de Saxe.

> Planche. — 7 épreuves avant la lettre.
> 14 épreuves après.

14 — Les Ordonnances.

> Planche. — 11 épreuves avant la lettre.
> 5 épreuves après.

15 — Mauvaise humeur.

> Planche. — 16 épreuves avant la lettre.
> 6 épreuves aprèsr

16 — Poste avancé.

> Planche. — 11 épreuves avant la lettre.
> Épreuves après (néant).

17 -- L'Amateur de gravures.

>   Planche. - 12 épreuves avant la lettre.
>   14 épreuves après.

18 — Polichinelle.

>   Planche. -- 15 épreuves avant la lettre.
>   53 épreuves après.

19 — Joueurs de boules à Antibes.

>   Planche. — 15 épreuves avant la lettre.
>   16 épreuves après.

20 — A l'Auberge.

>   Planche. — 20 épreuves avant la lettre.
>   8 épreuves après.

21 — Le Drapeau.

>   Planche. — 17 épreuves avant la lettre.
>   18 épreuves après.

22 — La Partie de cartes.

>   Planche. — 10 épreuves avant la lettre.
>   Épreuves après néant).

23 — Le Coup de l'étrier.

>   Planche. — 13 épreuves avant la lettre.
>   8 épreuves après.

24 -- Le Maréchal ferrant.

>   Planche. — 15 épreuves avant la lettre.
>   15 épreuves après.

25 — Le Rieur.

>   Planche. — 15 épreuves avant la lettre.
>   9 épreuves après.

26 — La Halte.

>   Planche. — 4 épreuves avant la lettre.
>   5 épreuves après.

27 -- Les Amateurs.

>   Planche. — 11 épreuves avant la lettre.
>   Épreuves après (néant).

28 — Le petit Homme à sa fenêtre.

> Planche. — 11 épreuves avant la lettre.
> 3 épreuves après.

29 — Un Cavalier.

> Planche. — 15 épreuves avant la lettre.
> 12 épreuves après.

30 — Le Liseur.

> Planche. — 14 épreuves avant la lettre.
> 10 épreuves après.

31 — A Tourne bride.

> Planche. — 10 épreuves avant la lettre.
> 5 épreuves après.

32 — Laveuses d'Antibes.

> Planche. — 17 épreuves avant la lettre.
> 12 épreuves après.

33 — Un Incroyable.

> Planche. — 14 épreuves avant la lettre.
> 9 épreuves après.

34 — Le Peintre d'enseignes.

> Planche. — 12 épreuves avant la lettre.
> 4 épreuves après.

35 — Promenade au bord de la mer.

> Planche. — 11 épreuves avant la lettre.
> Épreuves après (néant).

36 — La Gravure.

> Planche. — 12 épreuves avant la lettre.
> 20 épreuves après.

37 — Sentinelle en 1796.

> Planche. — 12 épreuves avant la lettre.
> 15 épreuves après.

38 — Le Peintre.

> Planche. — 14 épreuves avant la lettre.
> 2 épreuves après.

39 — Sans débrider.

> Planche. — 8 épreuves avant la lettre.
> 3 épreuves après.

40 — Jacob Leusen.

> Planche. — Épreuves avant la lettre (néant).
> 3 épreuves après.

41 — Les deux Amis.

> Planche. — 13 épreuves avant la lettre.
> 10 épreuves après.

42 — Sur un Belvédère.

> Planche. — 13 épreuves avant la lettre.
> 10 épreuves après.

43 — Partie perdue.

> Planche. — 14 épreuves avant la lettre.
> Épreuves après (néant).

44 — Un Philosophe.

> Planche. — 16 épreuves avant la lettre.
> 12 épreuves après.

45 — Le Fumeur assis.

> Planche. — 14 épreuves avant la lettre.
> 6 épreuves après.

46 — La Vedette.

> Planche. — 13 épreuves avant la lettre.
> 5 épreuves après.

47 — Le Trompette.

> Planche. — 14 épreuves avant la lettre.
> Épreuves après (néant).

48 — Dame et Gentilhomme.

> Planche. — 18 épreuves avant la lettre.
> 4 épreuves après.

49 — Les Joueurs de cartes au cabaret.

> Planche. — 10 épreuves avant la lettre.
> 20 épreuves après.

50 — Le Joueur de flûte.

> Planche. — 16 épreuves avant la lettre.
> 6 épreuves après.

51 — La Rixe.

> Planche. — 3 épreuves avant la lettre.
> Épreuves après (néant).

52 — Polichinelle.

> Planche. — 10 épreuves avant la lettre.
> 3 épreuves après.

53 — Campagne de France.

> Planche. — 21 épreuves avant la lettre.
> Épreuves après (néant).

54 — Le Portrait du sergent.

> Planche. — 6 épreuves avant la lettre.
> 3 épreuves après.

55 — Le Cabinet de travail.

> Planche. — 29 épreuves avant la lettre.
> 5 épreuves après.

56 — Le Maréchal Ney.

> Planche. — 13 épreuves avant la lettre.
> 6 épreuves après.

57 — Chemin faisant.

> Planche. — 26 épreuves avant la lettre.
> 18 épreuves après.

58 — Le Porte-Drapeau.

> Planche. — 26 épreuves avant la lettre.
> 19 épreuves après.

59 — Au Coin de la cheminée.

> Planche. — 25 épreuves avant la lettre.
> 8 épreuves après.

60 — Les Renseignements.

> Planche. — 4 épreuves avant la lettre.
> 4 épreuves après.

61 — Suites d'une Querelle.

> Planche. — 29 épreuves avant la lettre.
> 14 épreuves après.

62 — Sous le Balcon.

> Planche. — 26 épreuves avant la lettre.
> 2 épreuves après.

63 — Le Voyageur.

> Planche. — 23 épreuves avant la lettre.
> 12 épreuves après.

64 — L'Amateur de peinture.

> Planche. — 20 épreuves avant la lettre.
> 8 épreuves après.

65 — Hetzel.

> Planche. — 30 épreuves avant la lettre.
> 24 épreuves après.

66 — Les Bravi.

> Planche. — 21 épreuves avant la lettre.
> 2 épreuves après.

67 — Halte à l'auberge.

> Planche. — 23 épreuves avant la lettre.
> 6 épreuves après.

68 — Dictant ses Mémoires.

> Planche. — 28 épreuves avant la lettre.
> 14 épreuves après.

69 — 1814.

> Planche. — 2 épreuves avant la lettre.
> Épreuves après (néant).

70 — Van der Bilt.

> Planche. — 30 épreuves avant la lettre.
> 1 épreuve après.

71 — Le Fanfaron.

> Planche. — 23 épreuves avant la lettre.
> 8 épreuves après.

72 -- La Partie de Piquet.

> Planche. — 19 épreuves avant la lettre.
> Épreuves après (néant).

73 — 1807.

> Planche. — 2 épreuves avant la lettre.
> Épreuves après (néant).

74 — A l'ombre des Bosquets.

> Planche. — 27 épreuves avant la lettre.
> 2 épreuves après.

75 — E. Meissonier.

> Planche. — 24 épreuves avant la lettre.
> 10 épreuves après.

76 — Le Hérault de Murcie.

> Planche. — 22 épreuves avant la lettre.
> 12 épreuves après.

77 — Partie gagnée.

> Planche. — 22 épreuves avant la lettre.
> 3 épreuves après.

78 — Cavalcade.

> Planche. — 22 épreuves avant la lettre.
> 6 épreuves après.

79 — Rembrandt chez lui.

> Planche. — 26 épreuves avant la lettre.
> 14 épreuves après.

80 — La Brodeuse.

> Planche. — 20 épreuves avant la lettre.
> Épreuves après (néant).

81 — L'Empereur à Solférino.

> Planche. — 26 épreuves avant la lettre.
> 2 épreuves après.

82 — Victor Lefranc.

> Planche. — 31 épreuves avant la lettre.
> 1 épreuve après.

83 — Le Baiser d'adieu.

> Planche. — 26 épreuves avant la lettre.
> 12 épreuves après.

84 — Le Porte-Étendard.

> Planche. — 25 épreuves avant la lettre.
> 15 épreuves après.

85 — Le Vin du Curé.

> Planche. — 18 épreuves avant la lettre.
> 14 épreuves après.

86 — Al. Dumas fils.

> Planche. — 27 épreuves avant la lettre.
> 4 épreuves après.

87 — L'Empereur Napoléon.

> Planche. — 14 épreuves avant la lettre.
> 3 épreuves après.

88 — Le Général Fleury.

> Planche. — 28 épreuves avant la lettre.
> Épreuves après (néant).

89 — Après Déjeuner.

> Planche. — 26 épreuves avant la lettre.
> 10 épreuves après.

90 — 1805.

> Planche. — 8 épreuves avant la lettre.
> 3 épreuves après.

91 — Sur une Terrasse.

> Planche. — 26 épreuves avant la lettre.
> 20 épreuves après.

92 — Fumeurs à la porte d'un corps de garde.

> Planche. — 25 épreuves avant la lettre.
> 5 épreuves après.

93 — Frisant sa moustache.

> Planche. — Épreuves avant la lettre (néant).
> 12 épreuves après.

94 — Le Sculpteur Gemito.

> Planche. — 28 épreuves avant la lettre.
> Épreuves après (néant).

95 — Les Joueurs de Boules.

> Planche. — 23 épreuves avant la lettre.
> 13 épreuves après.

96 — Napoléon Ier.

> Planche. — 6 épreuves avant la lettre.
> Épreuves après (néant).

97 — Un Gentilhomme.

> Planche. — 28 épreuves avant la lettre.
> 19 épreuves après.

98 — Le Hallebardier.

> Planche. — 27 épreuves avant la lettre.
> 12 épreuves après.

99 — Cavaliers en route.

> Planche. — 27 épreuves avant la lettre.
> 13 épreuves après.

100 — Vedette Louis XIII.

> Planche. — 24 épreuves avant la lettre.
> 13 épreuves après.

101 — Borie.

> Planche. — 28 épreuves avant la lettre.
> 15 épreuves après.

102 — Le Fumeur debout.

> Planche. — 28 épreuves avant la lettre.
> 30 épreuves après.

103 — Jeune homme déjeunant.

> Planche. — 28 épreuves avant la lettre.
> 16 épreuves après.

104 — Se rendant au Petit Lever.

> Planche. — 26 épreuves avant la lettre.
> Épreuves après (néant).

105 — Le Voyageur.

> Planche. — Aucune épreuve n'a été tirée.

106 — L'Homme noir.

> Planche. — Aucune épreuve n'a été tirée.

NOT.1. — Les 106 planches et les épreuves, tant avant la lettre qu'après la lettre, seront mises en vente ensemble sur la mise à prix de **8.000 francs.**

Si cette mise à prix n'est pas couverte, les planches seront vendues individuellement avec leurs épreuves.

DEUXIÈME PARTIE

CLICHÉS PHOTOGRAPHIQUES[1]

---

§ I. — PEINTRES. — SCULPTEURS MODERNES.

Boîte n° 1. — 25 clichés 24 × 30.

Anselma. — Aublet. — Arus. — Azé. — Appert. — Arcos. — Aussandon. — Araugo. — Alaux. — Anthonissel. — Antonialdi.

Boîte n° 2. — 24 clichés 24 × 30.

Bance. — Baron. — Baudet. — Benner. — Becq. — Brouillet. — Bougault du Coudray. — Brandon. — Bérenger. — Bastien. — Brochard. — Brackelvey. — Belley. — Berque. — Brun. — Biennoury. — Bollay. — Belly. — Blanc. — Berthou.

Boîte n° 3. — 24 clichés 24 × 30.

Baduffe. — Bouillon. — Bacon. — Bréauté. — Bellangé. — Boutigny. — Benner. — Blum. — Boucheville. — Breton, E. — De la Boulaye. — Bourgeois. — Bertrand.

---

(1) Ces clichés sont la plupart sur glaces Saint-Gobain.

Boîte n° 4. — 24 clichés 24 × 30.

Baugniet.

Boîte n° 5. — 25 clichés 24 × 30.

De Becker. — Buland. — Bach. — De Broudelle. — Beraud. — Biard. Boulibonne. — Berne-Bellecourt. — Bernard. — Brisset. — Boulanger. — Boutet. — Barnoley. — Bretegner.

Boîte n° 6. — 24 clichés 24 × 30.

Brokoki. — Burger. — Bouteiller. — Bridgmann.

Boîte n° 7. — 24 clichés 24 × 30.

Berthelemy. — Badin. — Barrias. — Barillet. — Blashfield. — Bouchard. — Berteaux. — Berthaud.

Boîte n° 8. — 24 clichés 24 × 30.

Bertrand. — Beaumetz. — Bligny. — Busson. — Chelmonsky. — Cain. Clair. — De Conninck. — Coessin. — Cobianchi. — Cheret. — Carpentier.

Boîte n° 9. — 24 clichés 24 × 30.

Clève. — Campotasto. — Colin — Tibour. — Carrier Belleuse. — Deyrolles. — Alaux. — Callias. — De Bramard. — Domingo. — Castiglione.

Boîte n° 10. — 25 clichés 24 × 30.

Alix Duval. — Deschamps. — Courtat. — De Callias. — De Curzon. — De Condamy. — Couturier. — Cabanel. — Cotte. — Caraud. — Chigot Castre. — Corcos.

Boîte n° 11. — 24 clichés 24 × 30.

Colonna. — Chermetef. — Cabaillot-Lassalle. — Chaperon. — Corbineau.

Boîte n° 12. — 24 clichés 24 × 30.

Goldammer. — H. Leroux. — Guillemet. — Giroux. — Gagneaux. — Gros. — Guillon. — Frère. — Goeneutti. — E. Zier. — Gangloff.

Boîte n° 13. — 24 clichés 24 × 30.

Dodson. — Karl Daubigny. — Daumas. — Dusseuil. — Dantan. — Dameron. — Duez. — Detouck. — Delobbe. — Dubuffe. — Daux.

Delti. — Duverger. — Douillard. — Dupont-Zipey. — Ducros. — Dauvergne.

Boîte n 14. — 24 clichés 24 × 30.

Dubois. — Dufaux. — Dejonghe. — Dimitrieff. — A. Duval. — Echtler. Frère. — Faivre. — D'Entraygues.

Boîte n° 15. — 24 clichés 24 × 30.

Gisbert. — Gide. — Gilbert. — Giroud. — Gueldry. — Gaudron. — J. Goupil. — Grolleron.

Boîte n° 16. — 24 clichés 24 × 30.

Flahaut. — Franck Lamy. — Foulongne. — J. Goupil. — Gaudefroy. — De Gasser. — Goghe. — Gouvion Saint-Cyr. — Guay. — Guillemin.

Boîte n° 17. — 24 clichés 24 × 30.

Cecile Ferère. — Febvre. — Gros. — Fichel. — Feyen. — Escosura.

Boîte n° 18. — 24 clichés 24 × 30.

Luminais. — Léandre. — Lerolle. — Laporte. — Lagarde. — Lecomte. Huguet. — Hamon. — Hagborg. — Himecley. — Héaly. — Hollander. — Harisson. — Haes. — Héreau. — Juglard. — Lasch. — Le Bihan.

Boîte n° 19. — 24 clichés 24 × 30.

Léo Hermann. — Ymer. — Indoni. — Jovis. — Royer. — Jourdain. — Jimenez. — Journault. — Jamin. — Jacomin. — Jacquemart. — D'Haussy. — Jourdain.

Boîte n° 20. — 24 clichés 24 × 30.

Hirsch. — Hillemacher. — Huguel. — Herbstoffer. — Huc. - Hyon. Heilbuth. — Heullant. — Humbert.

Boîte n° 21. — 24 clichés 24 × 30.

Lévi. — Lieberman. — Lafond. — Lengo. — Lematti.

Boîte n. 22. — 24 clichés 24 × 30.

Kosakiéwiez. — Knyght. — Kreyder. — Kuel. — Leleu. — Lobbedez. Lalire. — Lemaire. — Laoust. — Layaud. — Latouche.

Boîte n° **23**. — 24 clichés 24 × 30.

Lefèvre. — Léonard. — Legrand. — Lebrun. — Leménorel. — Leroux.
— Larcher. — Linder. — Lauwick. — Lix. — Lhénardt. — Lindholen. — Lansyer. — Labouchère. — Michel Lévy. — Laroche. — Laissement. — Laurens. — Lapostolet. — Loyeux. — Le Sidaner. — Le Sénéchal. — Lobrichon. — Martin Kavel.

Boîte n° **24**. — 24 clichés 24 × 30.

J. Salles. — Salle Wagner. — Schneider. — Shyeldrup. — Truphème. Saint-Marceau. — Salmson. — Ugo Salmson. — Schonborn. — Strong. Serrure. — Sergent.

Boîte n° **25**. — 24 clichés 24 × 30.

Langée. — Landelle. — Lecomte. — Loutrec. — Longfelon. — Luigi Loir. — Lazerge. — Loutrel. — Lehmann.

Boîte n° **26**. — 25 clichés 24 × 30.

Ch. Meissonier. — Mesgrigny. — Marchetti. — Munier.

Boîte n° **27**. — 25 clichés 24 × 30.

Milins. — Marchal. — Adrien Marie. — Ch. Muller. — Maso. — Monbray. — Moreau. — Marie Nicolas. — Maure.

Boîte n° **28**. — 25 clichés 24 × 30.

H. Merle. — J. Martin. — Garcia Mencia. — Navier. — Nigotte. — Normann. — Norbert. — Nonclercq. — Nordendorf. — Mols. — Moore. — Mesples. — Maignard. — Montenard. — Nadon. — Ch. Muller. — Mouchot. — Motte. — Moutte. — Montchablon.

Boîte n° **29**. — 24 clichés 24 × 30.

Mirbach. — H. Martin. — Moisson. — Muraton. — E. May. — Moulignon. — Mazeline. — Méri. — Mathieu. — Monginot. — Merwart. — Benedict Masson. — Martinetti. — Moreau de Tours.

Boîte n° **30**. — 24 clichés 24 × 30.

Pcerus. — Pittara. — Palmaroli. — Pesnel. — Pinel. — Privat. — Pillet. — Philippe. — Piatowski. — Pinchard. — Poggi. — Pointelin. — de Pomayrac.

Boîte n° **31**. — 24 clichés 24 × 30.

Paris. — Penfold. — Pérignou. — Prion. — Pelez. — Palizzi. — Pabst. — Piwelli.

Boîte n° 32. — 24 clichés 24 × 30.

Poipot. — Pacza. — Fils. — Pomey. — Outin. — Olivier.

Boîte n° 33. — 24 clichés 24 × 30.

Rudelle. — De Richemont. — Riant. — Rasetti. — Ravault. — Rousselin. — Revez. — Risler. — Richter. — Ravel. — Rofll. — Regnart. — Rudaux. — Rosenhart. — Marius Roy. — Romsay.

Boîte n° 34. — 24 clichés 24 × 30.

Ruffio. — Philippe Rousseau. — Richomme. — Rougeron.

Boîte n° 35. — 24 clichés 24 × 30.

Stephen Jacob. — Signol. — Schlésinger. — Stolk Alida. — Thirion. — Schloesser.

Boîte n° 36. — 24 clichés 00 × 00.

Saintin. — E. Sain. — P. Sain. — Saint-Jean. — Schutzenberger. — Salmon. — Servant. — Sautai. — Salzedo. — Sauzaï. — Scroboda. — Saint-Pierre.

Boîte n° 37. — 25 clichés 24 × 30.

Veyrassat. — Wertheimer. — Ulmann. — Tabar. — Tobano. — Tavernier. — Thompson. — Valdrome.

Boîte n° 38. — 25 clichés 24 × 30.

Vuilefroy. — Walker da Costa. — Walker. — Van Beers. — Vonnoh. — Van Elven. — Yvon. — Zamacoïs. — Veiler Lina. — Valerio. — Vorms. — Zichi. — Zier. — Viry. — Weber. — Otto Weber.

Boîte n° 39. — 26 clichés 24 × 30.

Vayson. — Watson. — Wagret. — Vuagnat. — Vanderbacc. — Wetter. Wappers. — Villa. — Wanker. — Ville. — Weymark. — Wyanelli. — Watron. — Torlez. — Vallette.

Boîte n° 40. — 25 clichés 24 × 30.

Becker. — Tena. — Bouclier. — Sernsberg. — Burgers. — du Nouy. Hugues Merle. — Patrois. — Michetti. — Zuber. — Lemenel. — Escosura. — Navier, etc., etc.

Paquets n°s 41, 42, 43, 44. — 45 clichés 24 × 30.

Sevestre. — Schutzenberger. Sebron. — Thirion. — Trayer. — Stewart. — Servant. — Steinhel. — Schmitt. — Schomberg. — Sall. — Rodri-

guez. — Courajot. — Clémantin. — Coquelet. — Chenu. — Cortazzo.
— Guillon. — Gangloff. — Guignard. — Giron. — Girardet. — Gre-
let. — Geodall. — Girodet. — Grégorisco. — Guillemin. — Garrido.
— Perdonneau. — Pearce. — Paynem. — Picou. — Picard. — Pitte.
— Pallière. — Palincka. — Parker de Pomayrac. — Parmentier.
— Pasteuti. — Patrois.

Paquets n°s 45, 46, 47, 48. — 48 clichés 24 × 30.

Dreux. — Decour. — Didier. — Desmarest. — David. — Degrave. —
Destailleurs. — Delamare. — Dieffenbach. — Dartefeuille. — Dobson.
— Defaux. — Saint Pierre Trouillebert. — Palizzi. — Drunel. —
Schmitt. — Schloesser. — Tommassi Stika. — Franck Vinet. — Rivet.
— Rodrigues. — Roubaudy. — Ravau. — Richet. — Roszczewski. —
Renard. — Risso. — Rasetti. — Weerhs. Villa. Vely. etc., etc.

Paquets n°s 49, 50, 51, 52. — 48 clichés 24 × 30.

Falguières. — de Fonguières. — Ferrandis. — Fonache. — Ferrier. —
Forrest. — Flayon. — A. Fould — C. Fould. — Giroux. — Chaperon.
— Courajod. — Chocmeteff. — Cortazzo. — Cazas. — Courtois. — de
Callias. — Casanova. — Commerre. — Cazes. — Edouard. — Pi-
nelli. — Cipriani. — Berthelon. — Baader. — Brun. — Carcano. —
Fontana. — de Geine. — Grenet. — Glaizet. — Lecomte du Nouy. —
Gambard. — Girard, etc., etc.

Boite n° 53. — 25 clichés 18 × 24.

Carrier-Belleuse. — Castiglione. — Caïn. — Couturier.

Boite n° 54. — 24 clichés 18 × 24.

Corbineau. — Cassin de la Fosse. — Cabanel. — Clément. — Cottin. —
Duez. — Chevignard.

Boite n° 55. — 25 clichés 18 × 24.

Chaperon. — de Conninck. — Charnay. — Chelmonsky. — de Callias.
— Goblanka. — Chantron. — de Cetner. — Cabaillot. — Cassali.

Boite n° 56. — 35 clichés 18 × 24.

Clair. — Cormon. — Cazes. — Chevalier. — Carpentier. — Chambi-
gnières. — de Cavillon. — Casanova. — Carteron. — Caraud. —
Calame. — Caffes. — Chaligny. — Cortazzo. — Castres. — Corinth.
— Coulon. — Curtis. — de Condamy. — Chrétien. — Rémy Cogghe.
— Commerre Paton. — Degrave. — Denneulin. — Choiselat. — Clai-
rin. — Courtat.

Boîte nº 57. — 25 clichés 18 × 24.

Clésinger. — Alix Duval. — Dubuffe. — Armand Dumaresq. — Dartefeuille. — Dansaert. — de Dramard, etc.

Boîte nº 58. — 24 clichés 18 × 24.

Dauvergne. — Dantoni. — Delanoy. — Dubois. — Durand. — Ducros. — Dupain. — Devedeux. — H. Delacroix. — Discart. — Dufaux. — Deyrolles.

Boîte nº 59. — 24 clichés 18 × 24.

Dupont Zipcy. — Desmarest. — Didier. — Doussault. — Delamarre. — Daulnoy. — Duverger. — Dimitrieff. — Detti. — Darier. — Delpy. — Dupray.

Boîte nº 60. — 26 clichés 18 × 24.

Escossura.

Boîte nº 61. — 24 clichés 18 × 24.

Daudet. — Dumouchel. — Denon. — Bouchard. — Daumas. — du Paty. — Mansini. — Deffenbach. — Dehartog. — d'Entraygue. — Eckout. — Edouard. — Espenau. — Echtler. — Escossura.

Boîte nº 62. — 25 clichés 18 × 24.

Foulongne. — Frère. — Faivre. — Ferry. — Cécile Ferrère. — A. Fould. — P. Fleury. — Franck Lamy. — Flameng. — Falguière. — Foubert. — Perrin. — Gilbert. — Hillemacher.

Boîte nº 63. — 25 clichés 18 × 24.

Frère. — Froment. — C. Ferrier. — Febvre. — Ferrendez. — Fontana. — J. Goupil. — Victor Giraud. — Gros. — Girardet. — Fichel.

Boîte nº 64. — 26 clichés 18 × 24.

Guillon. — Gaudefroy. — Gelhay. — Guay. — Fichel.

Boîte nº 65. — 25 clichés 18 × 24.

Giron. — Gay. — Albert Girard. — de Gavay. — Girard. — Glaize. — Gélibert. — Givry. — Gisbert. — Fould.

Boîte nº 66. — 26 clichés 18 × 24.

Guillemet. — Guillemin. — Gueldry. — Darbefeuille. — Gagneaux. — Grenet. — Grandjean. — Gavarni. — Gangloff. — A de Gesne. —

Gouvion Saint-Cyr. — Couezon. — Gœncuth. — Girardet. — de Gironde.— Giroux. — Guignard. — Guillaume. — Garrido. — Gerbault.

Boîte n° 67. — 24 clichés 18 × 24.

Huellant. — Leo Hermann. — Huc. — Hamel. — Hamon. — Heilbuth. — Herbstoffer. — Hyon. — Hugrel. — du Haut. — Humer. — Habert. — Ton Faivre.

Boîte n° 68. — 24 clichés 18 × 24.

Hubert. — Humber. — Herlin. — Hirsch. — Hadenyer. — Harisson. — Hayon. — Joria. — Indoni. — Royer.

Boîte n° 69. — 24 clichés 18 × 24.

Hadamard. — Herlaud. — Healy. — Joris. — Jourdan. — Jumenez. — Dejoughy. — Jacomin. — Jacquemont. — Jerendal. — Jeroslon. — Knauss. — Kozakiewicz. — Raemerer. — Kuel. — Kayser. — Jean Kulher.

Boîte n° 70. — 24 clichés 18 × 24.

Laugée. — Lemaitti. — Liebermann. — Lamb. — Lambert. — Lix. — Loustau. — Lucas. — Larcher. — Lenhart. — Leman. — Loyeux. — Loustaunau. — Lalire. — Louza. — Lefeuvre. — Krug, etc., etc.

Boîte n° 71. — 18 clichés 18 × 24.

Lehmann. — Layraud. — Laguillernie. — Lebrun. — Luminais. — Lobbedez.

Boîte n° 72. — 36 clichés 18 × 24.

Levy. — Leblanc. — Landelle. — Leleux. — Laserge. — Latouche. Madeleine Lemaire.

Boîte n° 73. — Clichés 18 × 24.

Leleux. — Michetti. — Adrien Marie. — Monginot. — Moreau de Tours. — De Moulignon. — Metzmacher. — ouMchot. — Lerolle. — Jule1 Lefèvre. — Lobbedez.

Boîte n° 74. — Clichés 18 × 24.

Milino. — Merwart. — Martin. — Maignan. — Leblant. — Maury. — Moreau Vauthier. — Mathis. — Marchard. — Melingue. — Monchablon. — Mathieu. — Meusnier. — Mencia. — Muraton. — Maillart.

Boîte n° 75. — Clichés 18 × 24.

Jeanne Mécat. — Mengia. — Maronniez. — Monbur. — Meyer. — Média. — Maso. — Menesterlind. — Marini. — Myrbach. — Mazerolle. — Martinetti. — B. Masson. — Mery. — Merle. — Marchal. Madrazzo. — Médard. — Miralles. — Longfelon. — Outin. — Oquendo.

Boîte n° 76. — Clichés 18 × 24.

Millet fils. — Marchetti. — Marie Nicolas. — Niles. — Norvoss. — Neymarck. — Nordendoff. — Nevers. — Pallière. — Palmaroli. — Pomey. — Ch. Meissonier. — Bridgmann.

Boîte n° 77. — Clichés 18 × 24.

Paqueau. — Putkowski. — Picon. — Penfold. — Parmentier. — Porion. Porney. — Pearce. — Pollet. — Packza. — De Pommeyrac.

Boîte n° 78. — Clichés 18 × 24.

Prion. — Perignon. — Pecrus. — Pittara. — Penzel. — Pinchant. — Pluchart. — Pelez. — Perboyre. — Plassan. — Paraf. — Patte. — Pokitonou. — Perrin. — Paupion. — Pesnel. — Prouha. — De Pène. Protais.

Boîte n° 79. — Clichés 18 × 24.

Palot. — Poilpot. — Palizzi.

Boîte n° 80. — Clichés 18 × 24.

Pinelli. — Rodriguez. — Rose. — Pelez. — Ramazotti. — Roussel. — Richter. — Ravel. — Roubaudi. — Riant. — De Richemont. — Risler. — Rossi. — Roybet. — Rudell.

Boîte n° 81. — Clichés 18 × 24.

Rouffio. — Richomme. — Rouyeron. — Philippe Rousseau. — Réalier Dumas.

Boîte n° 82. Clichés 18 × 24.

Styka. — Robinson. — Riu. — Ralli. — Ruiperez. — Robb. — Schlésinger. — Son.

Boîte n° 83. — Clichés 18 × 24.

Saintain. — Serrure. — Sperel. — Signol. — Schutzenberger. — Stephen Jacob. — Salmson. — Schreyer. — Schœneverk. — Scryver. Schreiber. — Semenowski. — Sinibaldi. — Servant.

Boîte n° 84. — Clichés 18 × 24.

Stewart. — Salanson. — Santa Croce. — Sauzay. — Sergent. — Salle. — Sain. — Baugniet. — Saint-Marceau. — Sorbi. — Stevens. — Simonetti.

Boîte n° 85. — Clichés 18 × 24.

Salles Wagner. — Saint-Pierre. — Saint-Jean. — Spiridon. — Trouillebert. — Sorbi. — Saint-Genois. — Souza Pinto. — Schelderup.

Boîte n° 86. Clichés 18 × 24.

Serra. — Saunier. — Salzedo. — Scitivaux. — Scardo. — Schyndler. Strony. — Thirion. — Truphenn. — Thomassi. — Thompson. — Tofano. — Tillier. — Tissot. — Tressières.

Boîte n° 87. — Clichés 18 × 24.

Tortez. — Tournier. — Turquesti. — Ulmann. — Withing. — Untermaker. — Villa. — Vandenkerkow. — Vély. — Werts. — Viger. — Wagnat. — Willems. — Wetts — Van Beers.

Boîte n° 88. — Clichés 18 × 24.

Walker. — Vertheimer. — Verhas. — Vaulhier. — Veyrassat. — Weiss. — Frantz Vinck. — Voisinot.

Boîte n° 89. — 25 Clichés 18 × 24·

Vergeses. — Vasseur. — Vagrez. — Leroy. — Vayson. — Wasington. Weber. — Vianelli. — Van Elven. — Monbray. — Zier. — Zamacois. — Yvon. — Durand. — Tortez. — Verschaur. — Signol. — Altinoyer. — Vindel. — Mercié. — Gourieux.

Boîte n° 90. — 24 Clichés 18 × 24.

Divers.

§ II. — OEUVRES DE E. MEISSONIER

Boîte n° 91. — Glaces 24 × 30.

La Confidence. — Une Chanson. — L'Ordonnance. — Les Bravi. — Le Peintre d'enseignes. — Moreau et Dessoles. — 1805. — L'arrivée des Ilites. — L'empereur à Solférino. — Le docteur Guyon. — Victor Lefranc. — Dame et Gentilhomme. — L'homme noir. — Descendant l'escalier. — Le Hussard en vedette. — Standford. — Les Ordonnances. — Le violoncelliste. — Meissonier. — La Vedette. — Le Trompette. — L'Amateur de tableaux. — Les deux Amis.

Boîte n° 92. — Glaces 24 × 30.

Le Voyageur. — Le Héraut de Murcie. — Au coin de la cheminée. — 1807. — Sans débrider. — Un philosophe. — Dame et Gentilhomme. Le guide-Cavalcade. — Partie de piquet. — Au bord de la mer. — Les joueurs de cartes. — Sur un belvédère. — Après dîner. — Le Drapeau. — Le philosophe. — Meissonier. — Alexandre Dumas, fils. — La peau de bouc. — Cavaliers en route. — Polichinelle à la rose. — Le Hallebardier. — Dictant ses Mémoires. — Sous le balcon. — Le Voyageur.

Boîte n° 93. — Glaces 21 × 27.

La rixe. — Frisant sa moustache. — Poste avancé. — Le Bravo — Les renseignements. — Le Cabinet de Travail. — Le maréchal de Saxe. — L'Incroyable. — Rentrant chez lui. — Meissonier lisant. — Mauvaise humeur. — Officier d'état-major. — La partie de cartes. — A l'Auberge. — Gentilhomme sur une terrasse. — Les amateurs. — Don Pasquale. — Le dragon assis. — Partie perdue. — 1806. — Suite d'une querelle de jeu. — Les Joueurs de Cartes au Cabaret. — Un Cavalier.

Boîte n° 94. — Glaces 21 × 27.

Un trompette et ses cavaliers. — 1814. — Le Joueur de mandoline. — L'amateur de gravures. — 1814. — Le copiste. — Moine au chevet d'un malade. — A l'ombre des bosquets. — Le graveur. — Le fumeur debout. — La halte. — Seigneur Louis XIII. — Le vin du curé.

Boîte n° 95. — Glaces 18 × 24.

En promenade. — Prenant son café. — Le dessinateur. — Avant la charge. — Arquebusiers. — Arquebusiers en faction. — Le petit homme rouge. — Le porte-drapeau. — Seigneur Louis XIII. — Un amateur d'estampes. — Les joueurs d'échecs. — Le voyageur — Napoléon et son état-major. — Le maréchal-ferrant. — L'empereur Napoléon. — Le sommeil. — Hussard. — Borée. — Frisant sa moustache. — Le rieur. — Un peintre — Polichinelle assis. — Meissonier. — Voltigeur en faction. — A tourne-brides.

Boîte n° 96. — Glaces 18 × 24.

Le porte-étendard. — Petit homme à la fenêtre. — Le géomètre. — Joueur de cartes. — Louis XV. — Le cabaret. — Le traducteur. — Le fumeur assis. — Le cheval blanc. — Deux cavaliers. — Le coup de l'étrier. — Les laveuses d'Antibes. — Jeune homme déjeunant. — Halte à l'auberge. — Le fumeur à la fenêtre. — Après déjeuner. — Le joueur de guitare. — Hussard vu de dos. — Un gentilhomme sur l'escalier. — Les joueurs de boules à Antibes. — Chemin faisant. — Le général Fleury. — Caisson d'artillerie. — Chef de gare à Poissy. — La garde civique.

Boîte n° 97. — Glaces 29 × 35.

1814 (2 clichés). — Maréchal Ney (1 cliché.)

§ III. — RAPHAËL ET MICHEL-ANGE

Glaces 27 × 33.

102 Clichés reproduction d'après les dessins originaux de Michel-Ange. (Musée Wicar. Lille.)

Glaces 27 × 33.

64 Clichés reproduction d'après Raphaël.

§ IV. — PARIS ET SAINT-CLOUD APRÈS LA GUERRE.

146 Clichés (15 × 21 Ruines de Paris et de Saint-Cloud après la Guerre.

§ V. — MUSÉE DU LOUVRE

Boîte n° 98. — Glaces 13 × 18.

33 Reproductions du Musée du Louvre.

Boîte n° 99 au n° 140 et suivants.

Quantité de Clichés de différentes grandeurs. — Reproductions de Tableaux et Ouvrages de sculpture. — Étude de nu pour Peintres et Statuaires. (Environ 800 clichés.)

TROISIÈME PARTIE

———

APPAREILS PHOTOGRAPHIQUES
INSTRUMENTS DIVERS

———

Un Objectif à portrait, de VOIGTLANDER et SOHN, $0^m.15$.

Un Objectif à portrait, de DEROGY.

Deux Objectifs à portrait couplés, de Alexis MILLET.

Un Objectif à portrait, de HARRISON.

Un Objectif à portrait et à reproduction, de JAMIN.

Deux Objectifs couplés à portrait, de JAMIN.

Un Objectif combiné.

Un Objectif à paysage et « reproduction, de JAMIN.

Un Objectif DALLMAYER pour chambre Pistolet.

Un Objectif et Chambre pour photographies microscopiques.

Un Objectif sans nom.

Lentilles pour projections.

Trois Tubes pour microscopes.

Une Lentille plan convexe, de $0^m,20$.

Une Lentille plan convexe, de $0^m,22$.

Une Lentille plan convexe, de $0^m.16$.

Une Lentille plan convexe, de $0^m.16$.

Une Lentille plan convexe, de 0^m16.

Un lot de Tubes et Rondelles d'objectifs.

Un Pied à lumière électrique.

Un Appareil à distiller.

Plusieurs chambres noires de différentes dimensions et
Pieds d'atelier.

Accessoires pour photographies, Cuvettes, Bouteilles, etc.

QUATRIÈME PARTIE

OBJETS MOBILIERS

Beau Meuble ancien en bois marqueté, à niches, portant
la date de 1648 et les lettres I. M. C. I.

Table de milieu en chêne sculpté.

Fauteuils, époque Louis XV.

Fauteuils et Chaises, époque Louis XIV.

Tapisseries anciennes.

Grande Armoire en chêne à cinq portes pour estampes.

Meubles divers à tous usages.